gallina

kip

gallo

haan

pulcino

kuiken

anatroccolo

eendje

tacchino

kalkoen

asino

ezel

cigno

zwaan

rana

kikker

procione

wasbeer

orso

beer

scoiattolo

eekhoorn

mosca

vlieg

coccinella

lieveheersbeestje

verme

worm

lumaca

slak

lumacone

naaktslak

ape

bij

ragno

spin

scarabeo

kever

libellula

libel

leone

leeuw

zebra

zebra

giraffa

giraffe

rinoceronte

neushoorn

serpente

slang

zanzara

mug

tartaruga marina

zeeschildpad

ippopotamo

nijlpaard

alligatore

alligator

coccodrillo

krokodil

squalo

haai

tricheco

walrus

pinguino

pinguïn

orso polare

ijsbeer

foca

zeehond

stella marina

zeester

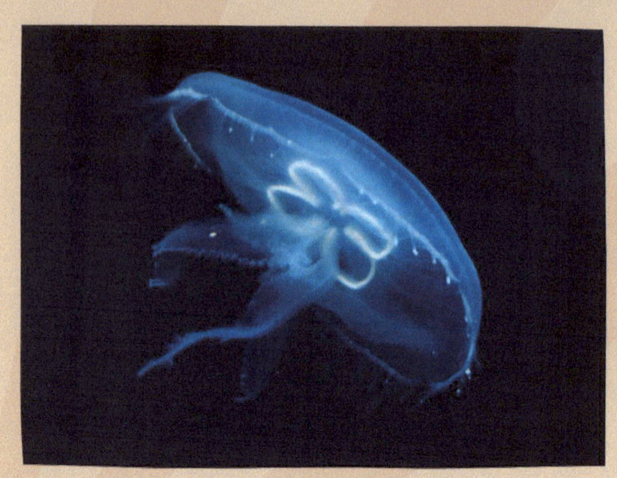

medusa

kwal

conchiglie

schelpen

piuma

veer

11

undici

elf

12

dodici

twaalf

13

tredici

dertien

14

quattordici

veertien

15
quindici

vijftien

16
sedici

zestien

17
diciassette

zeventien

18
diciotto

achttien

19

diciannove

negentien

20

venti

twintig

cuore

hart

ovale

ovaal

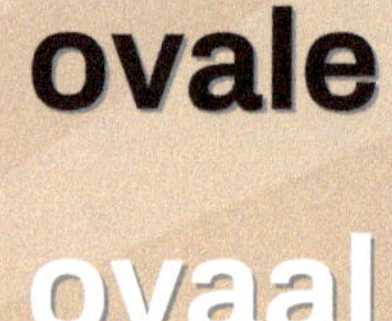

freccia

pijl

mezzaluna

halve maan

curva

boog

spirale

spiraal

croce

kruis

zigzag

zigzag

arcobaleno

regenboog

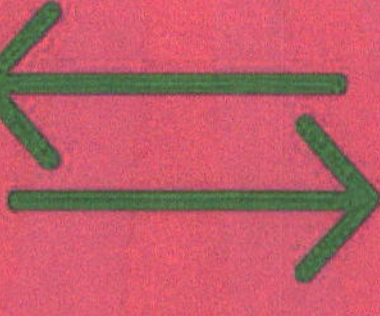

colori scuri

donkere kleuren

colori chiari

lichte kleuren

puntini
stippen
linea
lijn
basso
kort
alto
lang

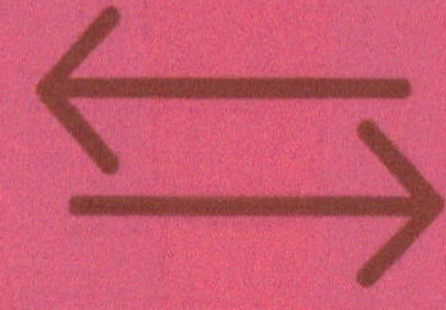

poco

een beetje

tanto

heel veel

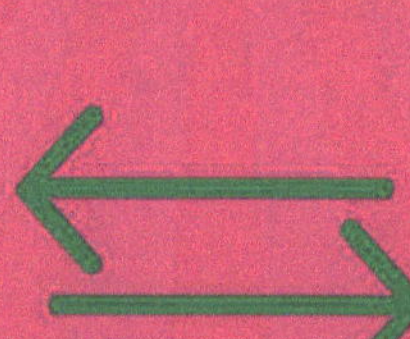

pieno

vol

vuoto

leeg

 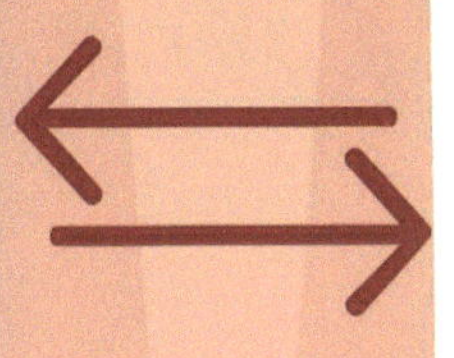

capelli ricci

gekruld haar

capelli lisci

stijl haar

accettare

accepteren

rifiutare

weigeren

identico
identiek

diverso
verschillend

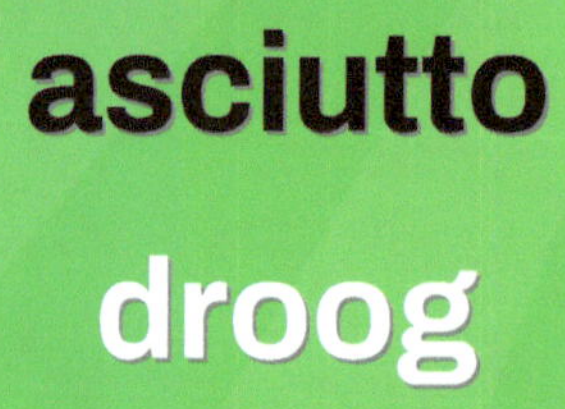

asciutto
droog

bagnato
nat

giocattoli

speelgoed

blocchi

blokken

palla

bal

robot

robots

lingua

tong

naso

neus

capelli

haar

baffi

snor

dita

vingers

braccio

arm

ginocchio

knie

gomito

elleboog

sorridere

glimlachen

baciare

kus

piangere

huilen

dolore

pijn

corpo

lichaam

schiena

rug

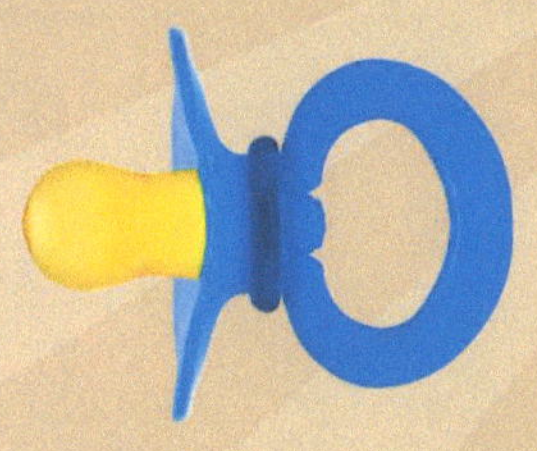

ciuccio

speen

seggiolone

kinderstoeltje

sapone

zeep

spazzolino

tandenborstel

asciugamano

handdoek

vasino

potje

anello

ring

bracciale

armband

collana

halsketting

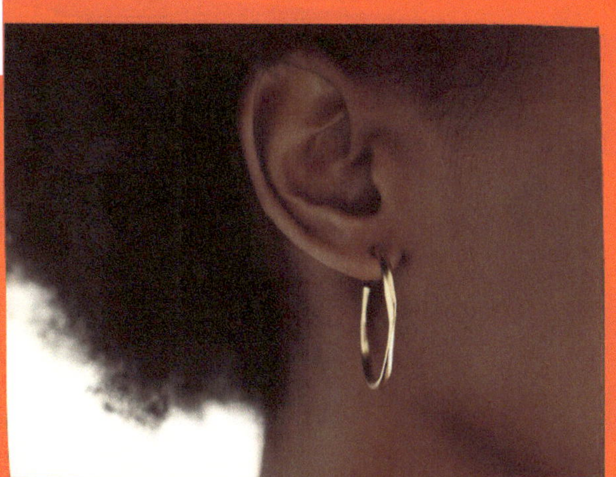

orecchino

oorbel

cioccolato

chocolade

popcorn

popcorn

marmellata

jam

pane tostato

geroosterd brood

miele

honing

burro

boter

pane

brood

gelato

ijsje

semola

griesmeel

riso

rijst

pasta

pasta

minestra

soep

latte

melk

acqua

water

succo

sap

kiwi

kiwi

lampone

framboos

pompelmo

grapefruit

melone

meloen

prugna

pruim

albicocca

abrikoos

melograno

granaatappel

fico

vijg

mirtillo

bosbes

mirtillo rosso

veenbes

cachi

kaki

litchi

lychee

frutti

fruit

verdure

groenten

avocado

avocado

fagiolino

sperzieboon

broccolo

broccoli

melanzana

aubergine

piselli

erwten

peperone

paprika

barbabietola

biet

lattuga

sla

indivia

andijvie

carciofo

artisjok

porro

prei

cipolla

ui

aglio

knoflook

zenzero

gember

noci

walnoten

mandorla

amandel

pistacchio

pistache

anacardo

cashewnoot